Hier geht es um die Wurst

Julia Floß · Nikolaus Heidelbach

Hier geht es um die Wurst

und andere Redensarten aus der Küche

DUMONT

Inhalt

Gruß aus der Küche

Die Grenze zwischen peinlich berührtem Augenrollen und mildem Lächeln ist nirgendwo so fließend wie im redensartlichen Bereich. *»Wir haben noch ein Hühnchen zu rupfen«, »Du grinst wie ein Honigkuchenpferd«, »Zuckerbrot und Peitsche«* – Redensarten wirken oft altbacken und aus der Zeit gefallen. In vielen Redaktionen stehen sie auf der »schwarzen Liste« und werden mir als Journalistin in meinen Kolumnen gnadenlos gestrichen. Bitte keine Floskeln, keine Phrasendrescherei und keine Binsenweisheiten. Dabei sind Redensarten so viel mehr. Sie zeigen die Entwicklung der Sprache und geben Aufschluss über kulturelle und soziale Ausprägungen in verschiedenen geschichtlichen Epochen. Sie sind ein Abbild der unterschiedlichen Denkweisen im Laufe der Zeit, sogar des jeweiligen Humors. Nicht zuletzt sind sie eng mit unserer persönlichen Geschichte verbunden. Bestimmte Redensarten assoziieren wir bis an unser Lebensende mit den Großeltern, der Nachbarin, dem Erdkundelehrer: »Da wird ja der Hund in der Pfanne verrückt!« Sie sind verknüpft mit Erinnerungen – an Menschen, Situationen und Gefühle. Wir können gar nicht ohne sie auskommen und verwenden sie ebenso reflexartig, wie wir »Gesundheit!« sagen, sobald jemand niest. Auch wenn wir uns im sprachlichen Alltag allergrößte Mühe geben, diese *ollen Kamellen* zu vermeiden: Sie sind in uns drin.

Mir als ausgebildeter Köchin fallen natürlich Redewendungen, die mit Essen und der Zubereitung von Nahrung zu tun haben, besonders auf. Im Laufe der Recherche zu diesem Buch erzählte ich immer mehr Leuten von dem Projekt. Stets wurde Interesse, aber auch vorsichtige Skepsis geäußert: »Ach, *kulinarische* Sprichwörter. Gibt's denn da so viele?« Stirnrunzeln, Nicken, Überlegen. Ja! Gibt es. Und es werden immer mehr. Bis

zum heutigen Tag bekomme ich Nachrichten, teils ohne Anrede, ohne »Wie geht's dir?« oder irgendeine Form von Bezugnahme, einfach nur:
»Wie Pilze aus dem Boden schießen.«
»Kein Bier vor vier.«
»Jedes Böhnchen gibt ein Tönchen.«
»Friss oder stirb.«
»Junges Gemüse«
»Eiertanz«

Mein Vorhaben hat eine Lawine in meinem Familien-, Freundes- und Bekanntenkreis ausgelöst. Ich erhalte Sprachnachrichten, Fotos und sogar kleine Listen. Dabei war das so überhaupt nicht geplant. Ich habe lediglich erzählt, dass ich mich aktuell mit kulinarischen Redewendungen und Sprichwörtern beschäftigte – und KRAWUMM! Sämtliche angestauten, unterdrückten, halb verdrängten Sätze haben nun ein Ventil gefunden: mein Smartphone.

Manchmal wache ich morgens auf, und jemand hat sich nachts um zwei Uhr an *»Honig ums Maul schmieren«* erinnert. Oder ich bekomme Screenshots von Dating-Profilen mit der markanten Zeile *»Zu Vino sag ich nie no!«*. Mich ereilen Alltagserlebnisse wie »Dame neben mir in der KVB: *Hier zieht's wie Hechtsuppe!*« und Bekundungen überraschter Selbstwahrnehmung: »Oh Gott, ich habe gerade *›Kohldampf‹* gesagt. Wo kommt das denn her?« Mein Verzeichnis mit kulinarischen Redensarten wird immer länger, und ich habe mittlerweile genug Material für einen zweiten, wenn nicht sogar dritten Band. Es ist großartig und soll bitte niemals aufhören.

Die Recherche zu diesem Buch hat mir sehr viel Spaß gemacht. Sprache ist etwas Fließendes. Sie entwickelt sich. Sie stagniert nicht. Wir verwenden heute noch Sprichwörter, die ihren Ursprung in der Antike oder im Mittelalter haben, oder

Redewendungen aus den 1950er- oder 80er-Jahren. Und es kommen auch immer noch neue hinzu. »*Lauch*« wäre 2018 um ein Haar Jugendwort des Jahres geworden und hat definitiv einen Platz in diesem Buch verdient (siehe S. 36).

Die hochkommenden nostalgischen Gefühle beim Sammeln waren eine persönliche Erfahrung, aber die Beschäftigung mit der Herkunft der Redensarten ist ganz objektiv absolut spannend. Warum ist die *treulose Tomate* viel weniger niedlich gemeint, als sie daherkommt? Warum *sehen* wir uns *die Radieschen von unten an*? Die Auseinandersetzung mit Sprache ist immer eine gute Idee, und wenn es sich dabei um kulinarische Wendungen handelt, umso mehr. Als Köchin bin ich allerdings in dem Punkt möglicherweise auch ein bisschen parteiisch. Warum liegen bei österreichischen Metzgern *Extrawürste* in der Auslage? Kann man *Störche braten?* Was hat der Klimawandel mit dem Wert von *Pfifferlingen* zu tun? Und wer ist eigentlich dieser *Spargeltarzan?*

Antworten auf alle diese Fragen und eine Extraportion Besserwisser-Material finden Sie – *das ist so klar wie Kloßbrühe* – auf den folgenden Seiten.

Viel Spaß beim Stöbern und der inneren Sprichwörter-Inventur. *Jetzt geht's ans Eingemachte.*

Abwarten und Tee trinken

sich gedulden

Bei Tee und Geduld denke ich sofort an britische Herren mittleren Alters mit buschigen Schnäuzern, gestärkten Hemdkragen und Monokel, die in verqualmten viktorianischen Konferenzsälen über Weltkarten brüten und abwechselnd Scones-Krümel und Marschbefehle darauf verteilen. Tatsächlich stellt die Mischung aus *tea time* und der britischen Tendenz zu langen Beratungsgesprächen anstelle von impulsiven Entscheidungen einen der Herleitungsversuche dieser Redewendung dar. Ein anderer führt nach Norddeutschland – genauer: nach Radbruch in den Landkreis Lüneburg. Hier lebte einst ein Schäfer namens Philipp Heinrich Ast (1848–1921). Er galt als ungemein kräuterkundig und entwickelte sich zu einer Art Heilkunst-Popstar. Überfüllte Züge und volle Droschken brachten zahllose Kranke nach Radbruch. Sogar die Berliner Zeitungen schickten Korrespondenten zum Wunderdoktor. Ast verordnete seinen Patientinnen und Patienten Kräutertee und Ruhe. Der einstige Schäfer brachte es mit »abwarten und Tee trinken« zu Ruhm und Reichtum.

Jemanden durch den Kakao ziehen

schlecht über eine andere Person reden, jemanden verspotten

Jemanden durch den Kakao zu ziehen, ist viel weniger nett, als es sich anhört. Wobei die ursprüngliche Redewendung deutlich derber war; mit dem Heißgetränk, das sowohl quengelnde Kinder als auch verregnete Novembertage umgehend viel zugänglicher werden lässt, hatte sie allenfalls die Farbe gemein: Früher zog man eine Person »durch den Dreck« oder sogar »durch die Kacke«. Das machte die boshaften Absichten des Sprechenden nicht besser, war aber wenigstens ehrlich. Anfang des 20. Jahrhunderts gehörte das Lästern zwar noch zum guten Ton, nicht aber die Fäkalsprache, und so entschied man sich – vor allem die vermeintlich feinen Herrschaften –, die schlechte Angewohnheit beizubehalten, ihr aber einen lautlich ähnlichen und dennoch wohlklingenderen Namen zu verleihen.

Reinen Wein einschenken

die uneingeschränkte Wahrheit sagen

Seinem Gegenüber reinen Wein einzuschenken, sollte eigentlich eine grundsätzlich fabelhafte Idee sein. Riesling, Grauburgunder und Silvaner sind seit Jahrhunderten geschmacks- und kulturprägend in Deutschland und werden am besten ohne Zusätze oder böse Absichten genossen. Doch wie jedes wertvolle Kulturgut ist auch der Wein durchaus anfällig für Verfälschungen. Bereits im Mittelalter streckten betrügerische Wirte, um höhere Gewinne zu erzielen, den teuren Wein mit Wasser und verliehen der verdünnten Plörre anschließend etwa mit essigsaurer Tonerde wieder mehr Geschmack. Zum Glück gab es aber auch ehrliche Wirte, die ihren Gästen reinen, ungepanschten Wein zu trinken gaben. Diese Ehrlichkeit hat sich im Laufe der Zeit auf der sprachlichen Ebene niedergeschlagen: Das Einschenken reinen Weins bedeutet, jemandem offen die ungeschminkte Wahrheit zu sagen. Je nach Mitteilung kann das durchaus eine bittere Erfahrung sein. So manche*r stimuliert dann womöglich die Verdauung der unangenehmen Botschaft mit dem ein oder anderen guten Tropfen.

Da ist Hopfen und Malz verloren

alle Mühe ist umsonst, alle Anstrengung vergebens

Hopfen und Malz (»Gott erhalt's!«) sind seit jeher die zwei wichtigsten Zutaten für des Deutschen liebstes Kaltgetränk. Das Sprichwort stammt aus einer Zeit, in der man Bier nicht einfach am nächsten Büdchen (außerhalb Kölns verwendet man das deutlich plumpere Wort »Kiosk«) oder im Getränkemarkt nebenan kaufen konnte, sondern meistens zu Hause selbst braute. Aber egal, ob heimisch oder industriell – geht beim Bierbrauen etwas schief, dann war alles für die Katz: Die Zutaten und das Endprodukt sind nicht mehr zu retten. Dasselbe gilt für ein Quarksoufflé, im übertragenen Sinne aber auch für eine total verfahrene Situation oder für einen absolut unverbesserlichen Menschen. Goethe beschreibt die Misere wie folgt: »Denn oft ist Malz und Hopfen / An so viel armen Tropfen, / So viel verkehrten Toren, / Und alle Müh verloren.«

Das ist nicht mein Bier

etwas ablehnen, etwas von sich weisen

Bier spielte im Studentenleben des 19. Jahrhunderts eine tragende beziehungsweise berauschende Rolle. Der Ausdruck »Biereifer« wurde etabliert und beschrieb nicht etwa die Lernmotivation des Hochschülers, sondern vielmehr seinen Vergnügungsdrang. War also etwas nicht jemandes Bier, so hatte diese Person da schlicht keinen Bock drauf. Neben dieser Erklärung wird auch gerne ein bestimmtes Fallobst herangezogen. Unsere Vorfahren im Rheinland setzten das Wort »Birne« reichlich generös ein. Schadenfreude (*»Wa, Männche, wie schmeckt dir de Bir?«*), Mahnung (*»Merk der de Bir«*) oder Lästern (*»en kloke Bir«*) – die Birne war ein wahrer Allrounder. Eine bestimmte Redewendung kommt uns verdächtig bekannt vor. War eine Person zu neugierig, erhielt sie die knappe Ansage: *»Dat sin dinger Birre nit.«* Übersetzt: »Das sind nicht deine Birnen.« Rein lautlich ist der Weg zum Bier ziemlich kurz. Mit vier bis zehn Kölsch im Kopf noch erheblich kürzer. Also wurde aus »Das geht mich nichts an« der Satz »Das sind nicht meine Birnen« und schließlich »Das ist nicht mein Bier«. Darauf erst mal 'ne Hahn mit Öllich (Anmerkung der Redaktion: Käsebrötchen mit Zwiebeln).

Klar wie Kloßbrühe

etwas versteht sich von selbst, ist eindeutig

Die wichtigste Frage in diesem Zusammenhang lautet: Ist Kloßbrühe denn überhaupt klar? Alle ambitionierten Hobbyköch*innen, die irgendwann mal ein Kartoffel-, Fleisch- oder Markbällchen in besagte Brühe haben plumpsen lassen, runzeln an dieser Stelle die Stirn und schütteln langsam den Kopf. Nein, Kloßbrühe ist immer milchig-trüb. Der erste Erklärungsansatz ist also, dass diese Redewendung ironisch gemeint ist. Nach dem Motto »Das ist so klar wie dicke Tinte« – ergo: völlig unklar. Bei der »Kloßbrühe« könnte es sich aber auch – das ist die Deutungsoption Nummer zwei – ursprünglich um die »Klosterbrühe« gehandelt haben. Die sogenannte Fastensuppe vieler Klöster war, Sie ahnen es, besonders gehaltlos, um es mal sehr diplomatisch zu formulieren. In ihr schwammen weder dicke Fettaugen noch Eierstich oder gar Fleischstücke. Die Brühe war so klar, dass man mühelos bis auf den Tellergrund blicken konnte. Das zeitgenössische und etwas eindeutigere Äquivalent ist übrigens der Blümchenkaffee, also Kaffee, der so dünn ist, dass man das Blumendekor am Boden der Porzellantasse erkennen kann.

Ein Haar in der Suppe suchen

nie zufrieden sein, nur das Schlechte oder Negative sehen

Haare im Essen kommen bei niemandem besonders gut an. Da vergeht einem schnell der Appetit. Als redensartliche Suppeneinlage lässt sich das Haar seit dem 17. Jahrhundert belegen. In einer großen Terrine ist es ein außerordentlich schwieriges Unterfangen, etwas sehr Feines, kaum Sichtbares aufzuspüren; man muss also schon extrem genau hinschauen, ja sich aktiv auf die Suche begeben, um es dort ausfindig zu machen. Jemand, der nach dem Haar in der Suppe sucht, ist kleinlich und überkritisch; er will unbedingt einen Fehler finden – entweder um eine andere Person bloßzustellen oder um einen Vorteil zu erhalten oder einfach, weil es Teil der traurigen Persönlichkeit ist.

Suppenkasper

jemand, der sehr wenig isst

Der Graus aller Gastgebenden: Nach tagelanger Vorbereitung, Rezeptsuche, dem Schleppen der Einkäufe, dem Schnibbeln, Rühren und Kochen sitzt da doch tatsächlich ein Suppenkasper am Tisch. Grauenhaft! Ein Suppenkasper ist jemand, der Essen nicht genießt, viele Gerichte oder Zutaten nicht mag und auch nur sehr wenig isst. Der Ursprung dieser Bezeichnung liegt in einem der erfolgreichsten deutschen Kinderbücher: Heinrich Hoffmanns *Struwwelpeter* von 1845 stellt ein ganzes Potpourri aus makabren und zum Teil verstörenden Geschichten für die lieben Kleinen dar. Der Suppenkaspar ist ein pausbäckiger, kerngesunder Junge, der urplötzlich aufbegehrt und seine Suppe lautstark verweigert. »Nein! Meine Suppe ess' ich nicht!«, schreit der Fratz über drei Strophen. Im *Struwwelpeter* gibt es daraufhin weder Fürsorge noch elterliche Resignation und schon gar keine Nudeln mit Ketchup. Also verhungert der kleine Kaspar an Tag fünf. Mittlerweile wird der Ausdruck aber auch ironisch für Suppen- und Eintopf-Enthusiasten verwendet.

Kaspar
Suppe

Um den heißen Brei herumreden

über etwas reden, ohne zum Kern der Sache zu kommen

Dieses weitverbreitete politische Manöver funktioniert vor allem bei übermüdetem und unkonzentriertem Publikum. Entscheidungen bezüglich Verkehrspolitik, dubiose Machenschaften rund um Steuerbetrug und Aktienhandel – je komplexer ein Thema, umso einfacher die Ablenkung, indem jemand redet und redet und niemals zum eigentlichen Debattenkern kommt. Das Publikum dämmert im Stand-by-Modus vor sich hin und hat den Überblick über das Gesagte längst verloren. Die unangenehme Wahrheit bleibt unausgesprochen. Vorbild für diese sehr schöne und treffende Redensart ist die Hauskatze, die elegant und gezielt um das Tellerchen mit dem dampfenden Grießbrei schleicht. Sie weiß genau, was sie tut. Nascht sie zu früh vom heißen Pamp, verbrennt sie sich die Zunge. Geduldig behält sie den Teller im Auge und nähert sich immer nur so weit, wie es ihr keinen Schaden zufügt. Es geht um Ausdauer, Vorsicht, den eigenen Vorteil und vor allem darum, unbeschadet und mit vollem Bauch wieder aus der Nummer herauszukommen. Ein Schelm, der Böses oder gar an hochrangige deutsche Politiker denkt.

Viele Köche verderben den Brei

zu viele Leute wollen mitentscheiden, Kompetenzgerangel

Die Aussage über die sich negativ auswirkende Beteiligung von mehr als einem Koch an der Essenszubereitung erfreut sich international großer Beliebtheit: So wird etwa im englischsprachigen Raum die Brühe verhunzt (*»too many cooks spoil the broth«*) und in Frankreich die Soße (*»trop de cuisiniers gâtent la sauce«*). Schuld daran sind immer zu viele Personen beziehungsweise deren Hände. Man kennt das Problem bereits aus der Grundschule, wenn die Lehrkraft zur Gruppenarbeit aufruft. Es gibt eine Aufgabe, vier Leute sind wahnsinnig ambitioniert, drei haben gute Ideen, sind aber zu schüchtern, zweien ist alles egal, und am Ende weint jemand, weil Rebekka schubst. Letztendlich geht es um nicht zielführendes Kompetenzgerangel, mangelnde Kompromissbereitschaft und Streit um Zuständigkeiten. Was lernen wir daraus? Profiküchen haben nicht umsonst eine ähnlich strenge Hierarchie wie die Bundeswehr. Gemäß dem Motto: Wenn der Kuchen spricht, haben die Krümel Pause.

Den Salat haben

ein Unglück ist passiert

Versuchen Sie doch mal, einem Menschen, dessen Muttersprache nicht Deutsch ist, einem Engländer zum Beispiel, diese Redewendung zu erklären. Die direkte Übersetzung funktioniert auf keinen Fall. Ein Unglück ist passiert, ein Malheur, jemand lässt etwas fallen, und der Deutsche steht daneben und sagt: *»Now we have the salad.«* Wie seltsam wäre das denn? Salat ist ganz grundsätzlich entweder eine essbare Pflanze oder eine kalte Vorspeise beziehungsweise eine Beilage. Was haben etwa Gurken in Dill-Senf-Dressing nun mit einem Missgeschick zu tun? Im deutschen Sprachraum steht der Begriff »Salat« seit Mitte des 19. Jahrhunderts auch für »Chaos«, »Unordnung«, für ein undefinierbares »Durcheinander«. Es geht um viele kleinteilige Zutaten, die wild gemischt werden. Die fortschreitende Technisierung brachte Updates wie »Kabel-« oder »Bandsalat«. Mit wirren oder unübersetzbaren Redensarten sind die Deutschen natürlich nicht allein. In den Niederlanden hat man zwar keinen Salat, wenn ein Missgeschick passiert, aber man sitzt sprichwörtlich »mit gebackenen Birnen« (*»met de gebakken peren«*) da. Bedeutend erhellender ist das auch nicht.

Treulose Tomate

unzuverlässig, wortbrüchig sein

Hinter dieser heute verniedlichten Bezeichnung steckt eventuell eine ziemlich bösartige Geschichte mit einer Prise Rassismus. Zwar lässt sich die Herkunft der redensartlich abtrünnigen Tomate nicht mit Sicherheit feststellen, aber es gibt mehrere Theorien. Die harmloseste beginnt da, wo alles entsteht: in der Erde. Der Tomatenanbau galt Ende des 19. Jahrhunderts als schwieriges, unsicheres Unterfangen. Pilzbefall, Staunässe, Sonnenbrand – noch heute scheitern Hobbygärtner am prallen Nachtschattengewächs. Der wahrscheinlichere Erklärungsansatz ist weniger botanischer Natur: Italien hatte 1882 einen Dreibund mit Deutschland und Österreich-Ungarn geschlossen. Im Ersten Weltkrieg unterstützte das damalige Königreich dann allerdings nicht seine Bündnispartner, sondern ab 1915 die Entente. Im deutschen Sprachraum galten »die Italiener« prompt als ebenso unzuverlässig wie ihr Lieblingslebensmittel, die Tomate, deren Kultivierung in den nördlicheren Breiten so oft scheiterte. Nationalitäten mit Nahrungsmitteln zu identifizieren und daraus Beschimpfungen abzuleiten, war damals ähnlich en vogue wie heute. Beispiele dafür finden sich haufenweise in den Kommentarspalten sozialer Medien.

Tomaten auf den Augen haben

etwas übersehen, etwas Offensichtliches nicht sehen

Die Redewendung »Tomaten auf den Augen haben« ist ein Beispiel für Aussprüche, die man eigentlich zu abgedroschen findet, aber dennoch häufig verwendet. Eine Person sieht etwas nicht, obwohl sie direkt davorsteht. Zack! Sie hat also die Früchte eines Nachtschattengewächses im Gesicht. Es gibt zwei Geschichten über die mögliche Entstehung der Redensart. Zum einen sind verquollene, gerötete Augen ein sicheres Zeichen für Müdigkeit. Und den Konsum von Marihuana. Beides wirkt sich miserabel auf die Konzentrationsfähigkeit aus: Mit übernächtigt-entzündeten Augen übersieht man leicht mal das Offenkundige. Zum anderen soll die Wendung – so die etwas drolligere zweite Geschichte – an Ampelanlagen entstanden sein. Wenn ein Autofahrer oder eine Autofahrerin trotz grünem Lichtsignal nicht losfuhr, wurde früher von einem Verkehrspolizisten, später von anderen Verkehrsteilnehmern umgehend losgefrotzelt: »Sie haben wohl Tomaten auf den Augen?« – in Anspielung auf das rote, runde, »tomatige« Lichtsignal. Der Spruch hat starke Dad-Joke-Tendenzen, aber das muss ja nicht immer was Schlimmes sein.

Keinen Pfifferling wert sein

wertlos sein

Die globale Erderwärmung lässt sich an vielen Dingen ablesen: Gletscher schmelzen, Meeresspiegel steigen, Böden versalzen, Arten sterben aus und so weiter. Heutzutage ist der Pfifferling ein relativ teurer, seltener Pilz, eine geschätzte Delikatesse. In Deutschland steht er unter Naturschutz, in Österreich gilt er sogar als gefährdet. Die Mengen, die eine Privatperson im Wald sammeln darf, sind streng reglementiert. Im 16. Jahrhundert war das noch ganz anders. Die deutschen Laub- und Nadelwälder waren voller goldgelber Schirmchen. Der hübsche Speisepilz wurde zum Synonym für »wertlos«, weil es ihn einfach an jeder Ecke gab. Fünfhundert Jahre später sind die deutschen Wälder zu trocken für den Pfifferling. Die Wendung ist geblieben, nicht so der Pilz. Wenn das kein Grund ist, sich an eine Hauptverkehrsstraße zu kleben, dann weiß ich's auch nicht. Wem das zu politisch ist, der kann sich auf die Schwaben berufen. Die Fünf-Pfenning-Münze wurde früher im Ländle als »Fünferle« beziehungsweise »Pfifferle« bezeichnet. Es bleibt reine Spekulation, inwieweit die Untiefen des schwäbischen Dialekts für diese hochdeutsche Redensart verantwortlich sind.

Spargeltarzan

männliche Person, die sehr lang und dünn ist, Schlaks

Die zwei großen Lieben der Deutschen sind Fußball und weißer Stangenspargel. Diese beiden Interessengebiete vereinen sich in einer Person: Ex-Fußballnationalspieler Hans »Hannes« Bongartz. Der Spitzensportler fiel in den 1970er-Jahren nicht nur durch sein Talent am Ball auf, sondern auch durch seine besonders schlanke, »spargeleske« Statur. Fortan hörte er auf den Spitznamen »Spargeltarzan«. Darin enthalten ist selbstverständlich eine Anspielung auf die berühmte muskulöse Romanfigur von Edgar Rice Burroughs. Mischt man den Namen des Dschungelhelden mit den blassen Gemüsestangen, wird daraus eine – meistens eher liebevoll gemeinte – Bezeichnung für hochgewachsene, sehr schlanke junge Männer, sogenannte Schlakse. Das weibliche Äquivalent ist übrigens die »Bohnenstange«. Seit 2011 ist ein vergleichbares Wort im Umlauf: »Lauch«. Auch dieses Gemüse dient vordergründig als Betitelung langer, schlanker Personen. Allerdings bezieht sich »Lauch« nicht zwangsläufig auf optische Merkmale, sondern häufig eher auf die angebliche geistige Beschränktheit des gemeinten Menschen. »Lauch« ist quasi ein Mindset.

Der Apfel fällt nicht weit vom Stamm

Kinder ähneln ihren Eltern

So banal diese Redewendung daherkommen mag, so weitreichend sind ihre Implikationen. Ein Apfel fällt, aus welchen Gründen auch immer, aus der Baumkrone und landet in der Nähe des Stamms. Durch die simple Beobachtung des Apfel-Falls gelangte der Physiker Isaac Newton zu seinem Gravitationsgesetz.
In unserem Sprichwort geht es aber nicht um Schwerkraft, sondern vielmehr um Genetik. Der Ausspruch wird zwar oft auf Äußerlichkeiten bezogen, meint aber eigentlich die Charaktereigenschaften oder das Verhalten einer Person: Kinder kommen nach ihren Eltern. Dahinter steckt die Kontroverse, die man seit der Antike erforscht und diskutiert: Wird der Mensch durch seine Gene oder durch sein Umfeld geformt? Werden Persönlichkeitsmerkmale ebenso vererbt wie äußere Merkmale?
Die Herkunft des beliebten Sprichworts ist unklar. Es selbst hat allerdings ebenfalls Nachkommen – wie etwa die leicht vulgäre Version:
Der Apfel fällt nicht weit vom Pferd.

In den sauren Apfel beißen

ein notwendiges Übel akzeptieren, sich überwinden

Boskoop, Elstar, Jonagold – die Deutschen sind eindeutig ein Apfelvolk. Neben dem Bier könnte daher auch die Apfelschorle als hiesiger »Identitäts-Drink« gelten. Apfelsaft mit Sprudelwasser: zwei deutsche Exportschlager in einem Getränk. Die Allgegenwart des Apfels hierzulande schlägt sich natürlich auch sprachlich nieder, etwa in Redewendungen wie »jemanden veräppeln« und »für 'n Appel und 'n Ei« oder in »fruchtigen« Bezeichnungen (»Pferdeapfel«, »Adamsapfel«, »Augapfel«). »In den sauren Apfel beißen« zu müssen, bedeutet, notgedrungen etwas Unangenehmes zu tun. Die Redewendung stammt aus dem Mittelalter. So schickte Martin Luther dem Kurfürsten Johann von Sachsen 1532 seine Glückwünsche zur Genesung mit den Worten, der Fürst »hat müssen Wermuth essen und in den sauren Apfel beißen«. Ob Johann mit Streuseln und Schlagsahne Abhilfe schuf, ist nicht überliefert.

Sich die Radieschen von unten ansehen

tot und begraben sein

Die pinkfarbenen Minirettiche wachsen in der Erde, nur das Grünzeug lugt oben heraus. Guckt man sich Radieschen redensartlich von unten an, steht man nicht an der Küchenspüle, sondern liegt tot und begraben im Gemüsebeet. Was dem einen respektlos und makaber erscheint, ist für den anderen eine Bewältigungsstrategie. Viele Menschen sprechen nicht gerne über das Sterben. Sie suchen nach umschreibenden, kaschierenden, vielleicht sogar verharmlosenden Worten für das Endgültige: »den Löffel abgeben«, »über die Wupper gehen«, »ins Gras beißen«. Die Redewendung »sich die Radieschen von unten ansehen« entstand wohl in einem Kontext von Gewalt und Grauen: In den Schützengräben des Ersten Weltkriegs nutzten Soldaten den Ausdruck, um den Schrecken des Todes zu mildern oder durch Flapsigkeit ein wenig zu verdrängen. Die Franzosen, also die damaligen Kriegsgegner, verwenden im gleichen Kontext einen ähnlichen Euphemismus: Sie essen den Löwenzahn von der Wurzel her (*»manger les pissenlits par la racine«*).

Die dümmsten Bauern haben die dicksten Kartoffeln

mehr Glück als Verstand haben

Der Landwirt muss seit Jahr und Tag als Inbegriff der Dummheit herhalten. »Bauerntölpel«, »Was der Bauer nicht kennt, frisst er nicht«, »auf Bauernfang gehen« – alles Beispiele für die hochmütige Sicht der Städter auf die Landbewohner: Die einen sind gebildet, und die anderen haben Kühe. Die immerwährende Kluft zwischen ihnen hat um das Jahr 1900 auch dieses Sprichwort hervorgebracht, in dem allerdings eine gehörige Portion Neid mitschwingt: Wenn jemand erfolgreich ist, muss er wenigstens dumm sein. Das impliziert, dass Erfolg nichts mit Klugheit zu tun hat, sondern lediglich mit Glück und maximal mit Tatkraft. Eigentlich sagt diese Redensart viel mehr über denjenigen aus, der sie verwendet, als über denjenigen, der gemeint ist. Kartoffelanbau ist übrigens eine ziemlich große Kunst.

Nicht die Bohne

keineswegs, überhaupt nicht

Es ist unfassbar, dass die Bohne für abwertende Bemerkungen herhalten muss: »Der ist so dumm wie Bohnenstroh«, »die dürre Bohnenstange«. Was ist denn da los? Warum ist dieses wunderbare Gewächs so problembehaftet? Die Hülsenfrucht hat im Gegensatz zum Pfifferling keine Wertsteigerung erfahren. Sie ist nach wie vor relativ kostengünstig und in der Einzahl einigermaßen unbefriedigend. Eine Bohne macht noch keinen Sommer. Um irgendwie interessant zu werden, braucht die Bohne schon Verstärkung. Ähnliches gilt übrigens für die Erbse. Jemand, der sich für die einzelne Hülsenfrucht begeistert, ist ein Erbsenzähler und somit pedantisch und geizig, also unangenehm. Das will ja auch niemand. In Verbindung mit einer Verneinung wird das Wort »Bohne« seit dem 13. Jahrhundert als Synonym für »nichts« verwendet. So viel Ablehnung hat das arme Ding nun wirklich nicht verdient, spielt sie doch die tragende Rolle in glorreichen Gerichten wie Chili con Carne, Schnippelbohnen-Eintopf und Nizza-Salat. Liebe Bohne, ich interessiere mich für dich. Auch als Individuum.

Mit jemandem ist nicht gut Kirschen essen

mit jemandem ist nur sehr schwer auszukommen

Die Redewendung geht auf ein bereits im Mittelalter verwendetes Sprichwort über die unangenehmen Marotten der Hautevolee zurück. Die feinen Herrschaften hatten zum Teil gar nicht mal so feine Manieren, aber diese Geschichte setzt dem Snobismus wirklich die Krone auf. Das ursprüngliche Sprichwort lautet: »Mit hohen Herren ist nicht gut Kirschen essen: Sie spucken einem die Kerne ins Gesicht.« Kirschen waren damals eine seltene Delikatesse und wuchsen hauptsächlich in den Gärten der Klöster und der Wohlhabenden; sie galten als beliebter Snack der Reichen. Und die launenhafte Spitze der Gesellschaft ließ sich offenbar ungern eine Gelegenheit entgehen, Untergebene zu erniedrigen. Wohin also mit dem lästigen Kirschkern und dem Stielchen? Richtig, man demonstriert, wer hier der Chef im Ring ist, und bespuckt oder bewirft einfach die, die sich nicht wehren können. Vitamin- und Egoboost in einem.

Da brat mir einer einen Storch

unerhört, unglaublich, Ausdruck der Verwunderung

Wir kennen alle diese comicartigen Zeichnungen von Störchen, die rosa oder hellblaue Beutelchen in ihren Schnäbeln halten und zu Häusern fliegen, in denen Nachwuchs erwartet wird. Für viele Eltern eine willkommene Möglichkeit, um das »Wo kommen die Babys her?«-Gespräch herumzukommen: »Die … äh … bringt der Storch. Das ist ein Freund von der Zahnfee.« Der Storch gilt seit Jahrhunderten als Symbol für Fruchtbarkeit und Glück. Noch heute ist das Storchennest auf dem Dach eher Glücksbringer als Störenfried – und ein Maskottchen sollte man nicht in die Pfanne hauen. Zudem wurde in einer Speisevorschrift des Alten Testaments der Verzehr von diversem Getier ausdrücklich verboten; darunter sind Adler, Habichte, Fledermäuse, Raben, Schwäne und eben auch Störche. Ob die Entscheidung »Abendessen oder Leben« an zähem Muskelfleisch oder der Spiritualität hing, bleibt ungeklärt. Einen Storch zu essen, ist in jedem Fall bis heute unvorstellbar. Absolut unglaublich!

Den Braten riechen

etwas ahnen

Die Deutschen sind nicht nur für ihre Wurstwaren bekannt, sondern auch für ihre – sagen wir mal: drastischen Märchen. Bäuche werden mit Wackersteinen gefüllt, Daumen abgeschnitten und freche Lausbuben zerschrotet. Von den Brüdern Grimm über Heinrich Hoffmann mit seinem *Struwwelpeter* bis hin zu Wilhelm Busch: Literarisch wurde das reinste Blutbad angerichtet. Die Fabel, die der Redewendung zugrunde liegt, hat einen ähnlichen Tenor und passt ganz hervorragend in die verstörende Sammlung der hiesigen Gute-Nacht-Geschichten. Ein Bauer lädt ein Tier zum Essen ein. Dieses macht allerdings an der Türschwelle kehrt, weil ihm der Duft aus der Küche verrät: Im Backofen liegt sein Artgenosse und wird langsam knusprig. Über eine Art sechsten Sinn, der das Wittern einer Falle ermöglicht, verfügen zwar auch Menschen zuweilen, bei Tieren ist er jedoch in der Regel wesentlich ausgeprägter. Ich erinnere mich an dramatische Szenen im Elternhaus, sobald der Tierarztbesuch anstand und man den Familienkater von der Sinnhaftigkeit des Unterfangens überzeugen musste. Selbstverständlich roch Kater Paul schon Stunden vor dem Termin den Braten und verschwand für mehrere Tage in der Nachbarschaft.

Es geht um die Wurst

eine wichtige Entscheidung steht an

Im deutschen Sprachraum finden sich erstaunlich viele »Würste«: Extrawürste, beleidigte Leberwürste, Hanswürste, arme Würste. Der genaue Ursprung dieser Fixierung auf Brät im Naturdarm ist unklar; allerdings wurden Würste schon früh als verlockende Siegestrophäen eingesetzt – vor allem auf Volksfesten. Man verausgabte sich dort etwa beim beliebten »Wurstangeln«. Dabei versuchten die Mitspielenden, mit verbundenen Augen Würstchen zu ergattern, die über ihnen an einer Schnur befestigt waren. Für mittellose Menschen ging es bei derlei Wettkämpfen buchstäblich um die Wurst, also um eine kostenlose Mahlzeit. Die Redewendung hat auch heute noch eine spannungsreiche Bedeutung: Es geht ums Ganze, es wird ernst, ein letzter entscheidender Schritt muss getan werden. Wurst oder Nichtwurst – das ist hier die Frage.

Alles hat ein Ende, nur die Wurst hat zwei

alles hört irgendwann auf

Die meisten Deutschen jenseits der vierzig kennen den gleichnamigen Karnevalsschlager aus der Feder von NDW-Star und Trio-Sänger Stephan Remmler. Er besang 1986 – unterstützt von Blasorchester und Männerchor – das Beziehungsdrama um Krause und Ruth. Der Ursprung dieser einigermaßen saloppen Bemerkung ist gute vierhundert Jahre älter, aber nicht weniger albern. In der Renaissance-Komödie *Der Ritter von der brennenden Keule (The Knight of the Burning Pestle)* des englischen Dramatikers Francis Beaumont wirbt Master Humphrey um die schöne Lucy. Master Humphrey ist ein eitler Gockel, der verbal von einem Fettnäpfchen ins nächste steigt. Er spricht zum Vater der Angebeteten und wählt eine unkonventionelle Metapher. Er sagt, dass jedes Ding ein Ende habe und die Wurst sogar zwei; man möge es bitte nicht sonderbar finden, dass er ein solches Bild für seine Liebe verwende, die endlos und damit besser sei als Nichtiges oder Gedärm. Wie romantisch.

Beleidigte Leberwurst

schmollende Person

Wie süß ist das denn? Man stelle sich eine kleine, schmollende Leberwurst vor, wie sie trotzig die Ärmchen in die Hüfte stemmt, mit dem Fuß aufstampft und die Unterlippe vorschiebt: Das Würstchen mimt das große Drama. Und genau so ist die Bemerkung gemeint. Jemand ist eingeschnappt, trägt viel zu dick auf und erntet mehr Spott als Mitleid. Bereits in der Antike galt die Leber als Sitz der Temperamente. Bis ins Mittelalter hinein glaubte man, das Organ produziere Empfindungen wie Liebe, Trauer und vor allem Zorn. Miesepeter*innen ist eine »Laus über die Leber gelaufen«, Offenherzige sprechen »frei von der Leber weg«. Erst viel später – die Gefühle wurden mittlerweile im Herzen oder Gehirn verortet – kam die Wurst zur Redewendung. Laut einer obersächsischen Erzählung nahm ein Metzger der Reihe nach alle seine Würste aus dem Brühkessel. Nur die Leberwurst blieb zurück. Diese fühlte sich alleingelassen und platzte vor lauter Wut. Eine derartige Reaktion ist weder zielführend noch besonders ansehnlich und schon gar nicht süß.

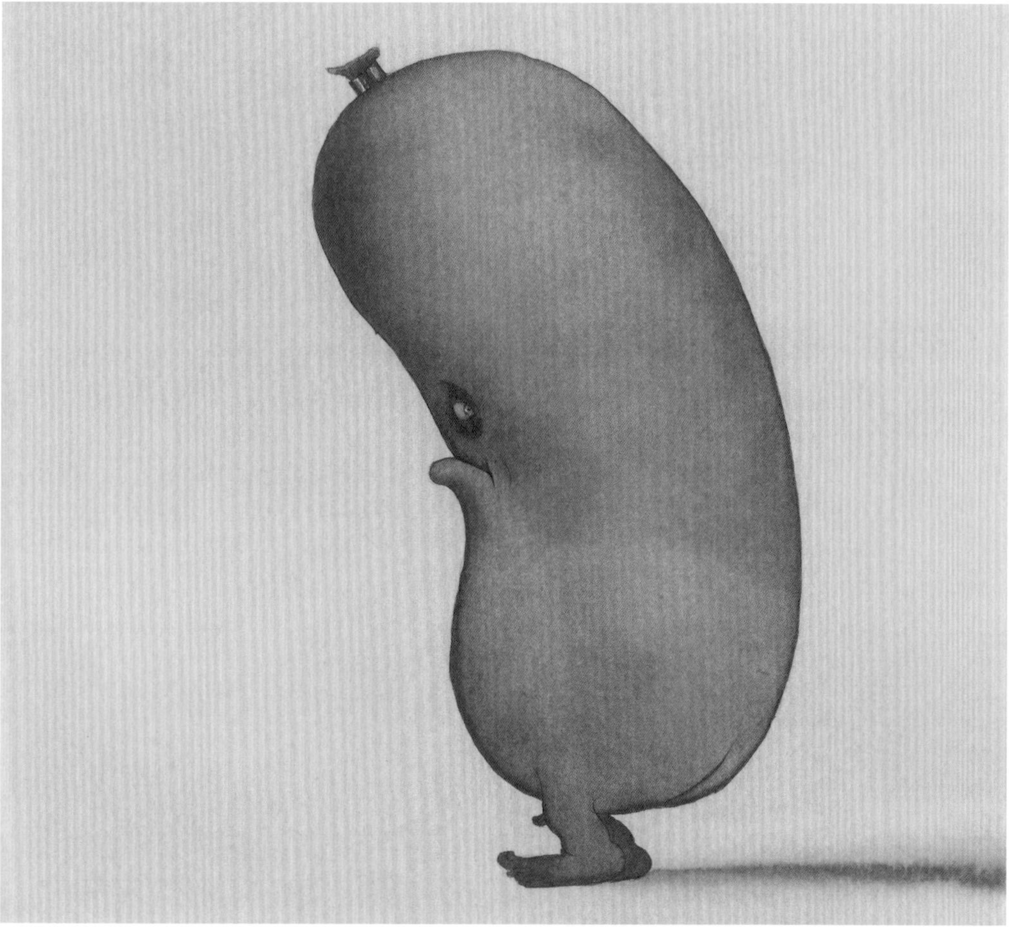

Eine Extrawurst bekommen

besonders bevorzugt behandelt werden

»Ich hätte gern zweihundert Gramm Salami, ein Viertelpfund Sülze und sechs Scheiben Extrawurst.« In Deutschland und der Schweiz führt diese Bestellung zu irritierten Blicken an der Wursttheke. In Österreich hingegen erntet man ein Kopfnicken und maximal die Frage: »Mit Knoblauch oder ohne?« Die redensartliche Extrawurst hingegen meint eine – nicht unbedingt nachvollziehbare – Vorzugsbehandlung. Manche Leute beanspruchen sogar sehr aktiv die Extrawurst, was durchaus zu Ablehnung und Missgunst führt. Dabei ist der Ursprung gutherziger Natur: Im Mittelalter konnten sich nur wenige die kostbaren Fleischwaren leisten. Erhielt also eine ärmere Person einmal eine Wurst, galt sie als privilegiert. Der Erste, der die Redewendung verwendet haben soll, war der Prediger Abraham a Santa Clara (1644–1709). Mit der österreichischen Brühwurstsorte hatte der Augustiner-Barfüßer aber wohl nichts zu tun.

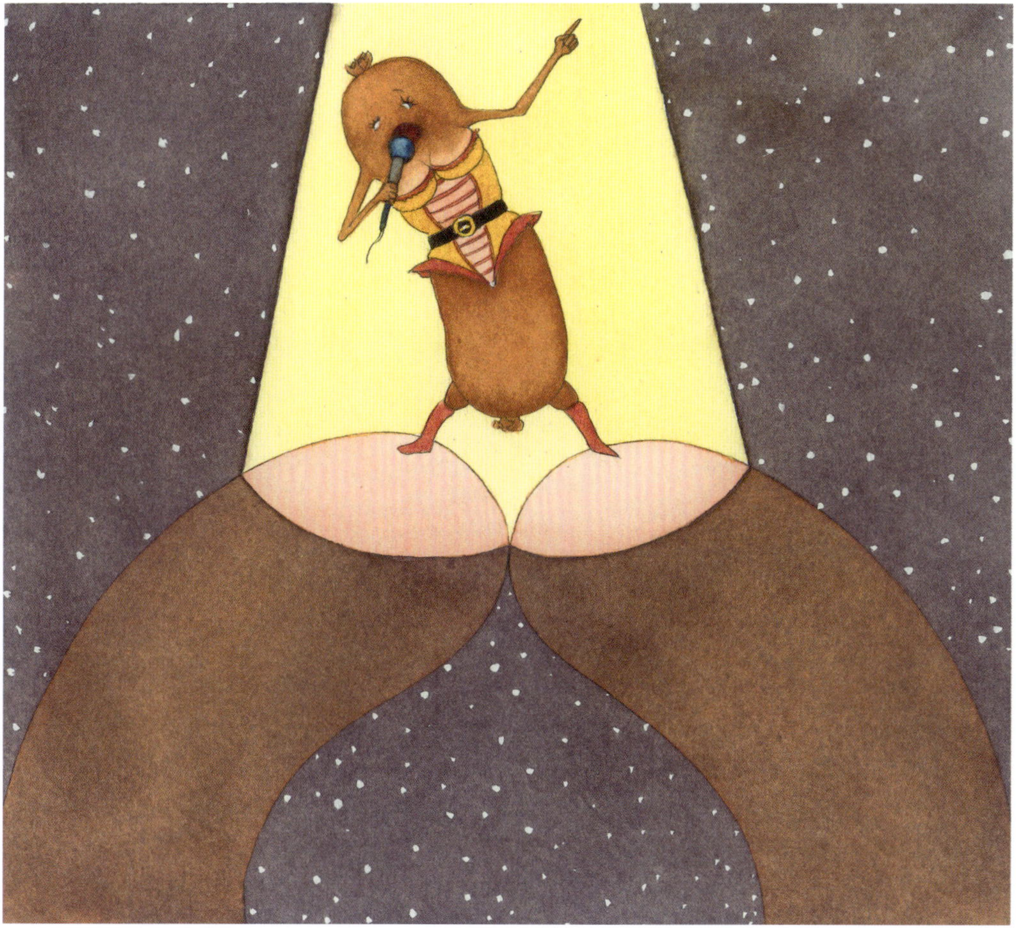

Seinen Senf dazugeben

*unaufgeforderte Meinungsäußerung,
unerwünschter Ratschlag*

Das Internet ist voll davon. Social Media besteht gewissermaßen aus ungefragt geäußerten Meinungen. Des einen Fegefeuer, des anderen liebstes Hobby: die Kommentarleiste. Jeder kann überall seinen Senf dazugeben. Aber warum eigentlich Senf, der gelbe Tupfen neben der Bockwurst? Die Redewendung geht vermutlich zurück ins 17. Jahrhundert. Nachdem bereits die Römer den Germanen beigebracht hatten, wie man Senf herstellt, galt dieser damals als sehr teures und wertvolles Gewürz. Fügte man einer Speise Senf hinzu, war das eine direkte Aufwertung – ähnlich wie heutzutage das lästige Steak-mit-Blattgold-Spektakel. Findige Wirte nutzten diesen Effekt und servierten fortan alles Mögliche mit einem Klecks Senf, auch wenn er gar nicht zum Gericht passte, einfach um den Preis erhöhen zu können. So entwickelte sich das wertsteigernde Würzmittel zu einer unerwünschten Zugabe, einem lästigen Gimmick, der Senf erhielt also eine negative Konnotation.

heute

Butter bei die Fische

Klartext reden, die Wahrheit sagen, zum Punkt kommen

Der Gedanke an eine mit duftenden Fischfilets gefüllte Bratpfanne und ein Flöckchen Butter ist nicht nur naheliegend, sondern auch völlig zutreffend. Butter war Mitte des 19. Jahrhunderts ein Merkmal für Reichtum. Was heute der weiße SUV in der Garageneinfahrt ist, war damals die Buttermenge auf dem Teller. Daher stammt auch der norddeutsche Ausdruck *»Hat he denn ok Butter bi de Fische?«* – als Nachfrage, ob jemand zahlungsfähig ist. Aber kommen wir zurück zur Pfanne: Das Butterstückchen ist im Norden der letzte Schritt vor dem Servieren. Man kann erst mit dem Essen beginnen, wenn die Butter an den Fischen ist. Fehlt sie, wird am Wesentlichen gespart. Mit der Redensart fordert man also jemanden dazu auf, keine halben Sachen zu machen, Tacheles zu reden. Übrigens: Die fehlerhafte Akkusativ-Konstruktion hat die Übertragung der dialektalen Wendung ins Hochdeutsche einfach ignoriert und ist geblieben.

Der Fisch stinkt vom Kopfe her

die Führungskräfte sind das Problem

Der reale Fisch fängt – wenn er nicht mehr ganz quicklebendig ist – tatsächlich am Kopf an zu stinken: Durch die Kiemen gelangen Mikroorganismen ins Innere des Kopfes und erzeugen dort einen unangenehmen Geruch. Der Rest des Fisches ist dagegen von einer dicken Haut umhüllt, die das Eindringen von Bakterien verhindert und damit das Vergammeln hinauszögert. Bei welcher Gelegenheit solch ein unfrischer Fisch nun zum ersten Mal als Redensart daherkam, ist vollkommen unklar. Ausgedrückt wird damit ein (wirtschafts-)politisches Statement: Gibt es Probleme in einem Unternehmen, einer Organisation oder gar einem ganzen System, dann liegt die Verantwortung dafür bei der Spitze. Auch wenn die das meistens ganz anders sieht. Der sprichwörtliche Stinkefisch ist sogar längst wissenschaftlich belegt: Schlechte Chefs können durchaus ganze Unternehmen ruinieren, und die durch Managementfehler verursachte »Produktivitätsverschwendung« kostet Volkswirtschaften Milliarden.

In Teufels Küche kommen

in Schwierigkeiten geraten

Man kennt diese spätmittelalterlichen Gemälde und Fresken von der Hölle: Auf einem riesigen Scheiterhaufen steht ein blubbernder Kessel. Die Suppe mit einer Einlage aus wimmernden Sündern und Wurzelgemüse wird von Satan höchstpersönlich gerührt. Daneben brutzeln menschliche Drehspieße, Dämonen wetzen ihre Messer, und eingeschnürte Sünder baumeln von der Decke wie pralle Schinken. Viele Menschen stellten sich die Wirkungsstätte des Teufels wie eine Küche vor – gewissermaßen mit Holzkohlegrill, Fleischwolf und Schnellkochtopf –, in der man Höllenqualen erlitt. Heutzutage meint die Redewendung weniger drastische Folter- und Todesfantasien als vielmehr selbstverschuldete Scherereien oder Peinlichkeiten, etwa die unangenehmen Konsequenzen eines Regelverstoßes tragen zu müssen.

Sarah wird in der 30er-Zone mit 70 geblitzt. Christian lässt sich während der Matheklausur beim Schummeln erwischen. Und Annes Geburtstagsfeier endet mit einem Besuch von Beamten des Ordnungsamtes. Sie alle kommen in Teufels Küche und warten dort auf ihre Strafe.

Bleiben, wo der Pfeffer wächst

jemand soll verschwinden, sich fernhalten, abhauen

Viele Sprichwörter und Redensarten klingen aus der Zeit gefallen. So kenne ich zum Beispiel nur eine Person, die vom »Ei des Kolumbus« spricht: der Erdkundelehrer aus der siebten Klasse mit dem Klapprad. Beim wütenden Ausruf »Der kann bleiben, wo der Pfeffer wächst!« ist das ein bisschen anders. Obwohl diese Redewendung schon im 16. Jahrhundert belegt ist, erfreut sie sich immer noch großer Beliebtheit. Pfeffer ist seit der Antike ein begehrtes exotisches Gewürz. Den meist schwarzen Körnern wurden verschiedenste Wirkungen zugeschrieben: Mal galten sie als aphrodisierend, mal als Stärke verleihend. Unumstritten sind zwei Dinge: Erstens war Pfeffer früher teuer und stand für Wert und Reichtum. Und zweitens kam Pfeffer von sehr weit her – aus Indien, damals eine mehrwöchige Schiffsreise entfernt. Wünscht man also jemanden dahin, wo der Pfeffer wächst, wünscht man ihn gewissermaßen ans andere Ende der Welt. Ob man sich in Indien wohl jemanden dahin wünscht, wo der Spargel wächst oder der Sprudel blubbert?

Einen Toast ausbringen

mit Trinkspruch auf jemandes Wohl anstoßen

Das Geräusch einer Gabel, die an ein Sektglas geschlagen wird, erzeugt bei vielen Hochzeitsgästen ein leichtes Ziehen in der Magengrube. Unangenehm ist die Vorstellung von der angesäuselten Bräutigamsmutter, die nach ein, zwei Likörchen zu viel dem Brautpaar zwar alles Gute wünscht, aber im gleichen Atemzug ihr Scheidungstrauma aufarbeitet und dem Ex-Mann endlich mal sagt, was er ist. Abgesehen davon ist ein Trinkspruch eigentlich eine ganz wunderbare Tradition. Aber was hat er mit geröstetem Weißbrot zu tun? In England gehörte solch ein Brot früher zum Trinkspruch dazu. Zu Ehren einer Person ließ man einen Becher mit Wein und einem Stück Toast darin herumgehen, und jeder Gast nahm einen Schluck. Am Schluss trank der Sprecher den restlichen Wein und aß das aufgeweichte Brot. Das Wort »Toast« ist geblieben, der labbrige Brotfetzen im Grauburgunder zum Glück nicht.

Nicht das Gelbe vom Ei

nicht gut, nicht perfekt

Ein beliebter Klassiker, der durchweg funktioniert, auch wenn die wenigsten den Ursprung kennen. Hintergrund ist der Gedanke, dass der Dotter leckerer und auch wertvoller ist als das Eiweiß. Schließlich ist das Eigelb für glorreiche Kreationen wie Sauce béarnaise, Mayonnaise und Vanilleeis verantwortlich. Wenn man die Wahl hat zwischen einem schnöden Eiweiß-Omelette und einem prächtigen *Egg Benedict*, an dem die Hollandaise herunterläuft, ist ziemlich offensichtlich, was das Gelbe vom Ei ist und was nicht. Die Redensart ist vergleichsweise jung: Seit den 1960er-Jahren werden etwa Konzerte, Restaurantbesuche, Klassenarbeiten und Ehen mit dem Satz »Das war jetzt wohl nicht das Gelbe vom Ei« bewertet.

Auch nur mit Wasser kochen

kein Wundermittel haben, nur die üblichen Methoden und Mittel einsetzen

Der Tenor dieser zutiefst beruhigenden und im Kern empathischen Aussage lautet: »Du schaffst das. Die anderen sind nicht besser als du. Alle haben dieselben Voraussetzungen. Das kannst du auch!« Die Redewendung findet sich bereits zu Beginn des 19. Jahrhunderts in den Aufzeichnungen eines preußischen Feldmarschalls, der trotz des Siegs der napoleonischen Truppen schrieb, diese »kochen mitunter sehr mit Wasser«. Ursprünglich bezog sich die Redensart wohl auf den Unterschied zwischen Arm und Reich. Ärmere Leute konnten sich früher nicht den Luxus leisten, mit Wein oder Fleischbrühe zu kochen, und nahmen stattdessen Wasser. Unabhängig davon funktioniert die Redewendung prima als tägliche Bestärkung vor dem Badezimmerspiegel. Vergessen Sie Psycho-Sätze wie »Ich bin stolz auf mich, weil ich mich gesund ernähre«, und versuchen Sie stattdessen: »Die anderen kochen auch nur mit Wasser.« Das hilft ungemein.

In der Not frisst der Teufel Fliegen

Kompromiss, Verhalten in einer Notsituation

»Ach, die Küche hat schon zu, aber es gibt noch Graupensuppe? Na gut, in der Not frisst der Teufel Fliegen.« Jemand steckt in einer – mal mehr, mal weniger dramatischen – Situation und muss sein Verhalten anpassen oder einen unangenehmen Kompromiss eingehen. Die Herkunft der im 19. Jahrhundert entstandenen Redewendung ist nicht bekannt. Metaphorisch ist die Sachlage ziemlich eindeutig: Der Teufel ernährt sich für gewöhnlich von menschlichen Seelen. Wenn die gerade mal aus sind, nimmt er eben zähneknirschend Fliegen. Daneben gibt es noch die Interpretationsmöglichkeit rund um den Namen »Beelzebub«. Die aus dem Hebräischen stammende Satans-Bezeichnung bedeutet wörtlich »Herr der Fliegen«. So gesehen würde der Teufel notfalls seine Untertanen fressen. Das macht die Sache nicht appetitlicher, fügt jedoch eine Prise Drama hinzu.

Jemanden zum Frühstück verspeisen

jemandem seine absolute Überlegenheit beweisen

»Den fress ich zum Frühstück!« ist eine ein bisschen in die Jahre gekommene Kampfansage. In den 1980er- und 90er-Jahren war der Satz deutlich beliebter als heute, aber da dachte man auch Dinge wie: Es ist okay, in Krankenhäusern zu rauchen. Oder: David Hasselhoff ist für den Mauerfall verantwortlich. Vor meinem inneren Auge schlägt ein völlig übernächtigter Horst Schimanski die Fahrertür von seinem Citroën zu und knurrt dabei genau diesen Satz. Ich denke an beigefarbene Feldjacken, Oberlippenbärte und viel zu enge Jeans. Das Frühstück steht sinnbildlich für etwas Kleines, Unbedeutendes, was man erledigt, noch bevor der Tag richtig angefangen hat. Der Satz soll Überlegenheit, Stärke und eine große Portion Entschlossenheit ausdrücken. Schimanski eben. Woher die Redewendung kommt, ist völlig unklar. Mittlerweile wird sie eher ironisch, wenn nicht sogar anzüglich verwendet. Ob sie Bestandteil des Sprüche-Repertoires aktueller *Tatort*-Kommissare ist, entzieht sich meiner Kenntnis.

Da wird doch der Hund in der Pfanne verrückt

etwas ist erstaunlich, unfassbar

Man könnte meinen, der Spruch stamme aus dem Repertoire von Heinz Erhardt. Schön wär's. Vermutlich geht die Redewendung jedoch auf einen makabren Streich zurück, der in einem Volksbuch aus dem 16. Jahrhundert beschrieben wird: Till Eulenspiegel ist so etwas wie der deutsche Spaßvogel des 14. Jahrhunderts. Es gibt knapp 90 Geschichten über ihn, die Narrenkappe ist später sein Merkmal geworden. Die Komik der Eulenspiegel-Anekdoten funktioniert immer über das Prinzip Missverständnis. Dies ist auch beim Hund in der Pfanne der Fall: Eulenspiegel arbeitet als Geselle eines Bierbrauers. Eines Tages bittet der Brauer ihn, den Hopfen in die Siedepfanne zu geben. Unglücklicherweise heißt der Hund des Brauers »Hopf«, und er muss für den Gag dran glauben. Eulenspiegel wirft das arme Tier in besagte Pfanne und lässt es »tüchtig darin sieden«. Der Hund wird also verrückt vor Schmerzen, bevor er stirbt, sein Besitzer schmeißt den Tierquäler raus, und wir bleiben verstört zurück.

Etwas liegt wie Blei im Magen

Folge von Kummer oder Ärger

Nach dem Sonntagsbraten oder dem Besuch im Wirtshaus ist der Bauch voll, der Gürtel kneift, und wir wissen, wir hätten die Schweinshaxe nicht aufessen sollen. Zwei Knödel plus Bratensoße und noch die Käseplatte waren einfach zu viel. Das fette Zeug liegt ganz buchstäblich schwer im Magen. Dieses Gefühl kann jedoch nicht nur durch Schweinebraten ausgelöst werden, sondern auch durch Emotionen: Stress, ein Streit, eine Trennung, Ängste oder Sorgen – irgendetwas belastet uns, setzt uns zu, es liegt wie Blei im Magen, und wir können es nicht »verdauen«. Und das ist nicht nur redensartlich gemeint. Emotionale Belastungen können sich auf unseren Körper auswirken und etwa dazu führen, dass sich unser Innerstes tonnenschwer anfühlt. Blei gehört zu den gewichtigeren Elementen in unserem Periodensystem. Grund dafür sind die hohe Atommasse und die große Dichte. Damit ist das Schwermetall hervorragend geeignet für nützliche Dinge wie Strahlenschutz, Tauchequipment und Lasten-Metaphorik.

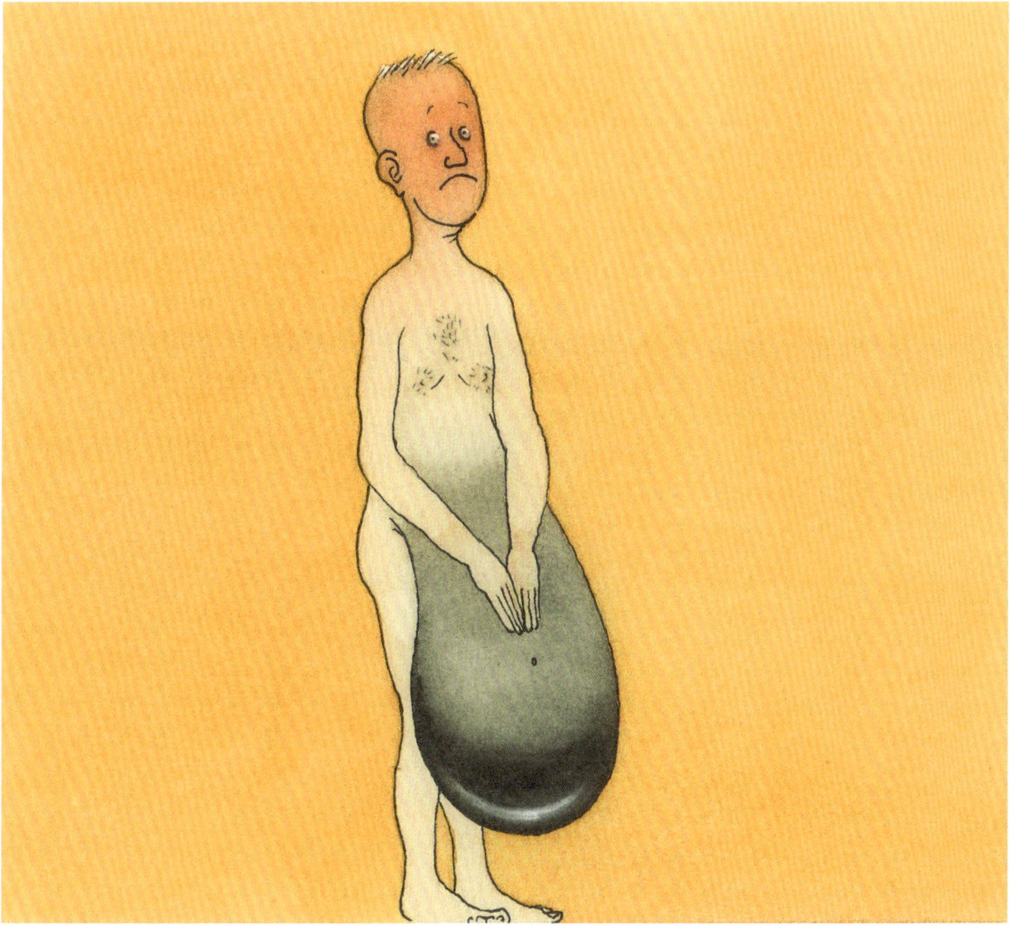

Vor Wut kochen

sich aufregen, äußerst wütend sein

Menschen wussten sich früher nicht anders zu helfen, als Dämonen oder irgendwelche fremden Mächte als Grund für eine so extrem heftige Emotion wie Wut heranzuziehen. Sie sei eine Krankheit, die zum Beispiel durch Tierbisse übertragen werden könne. Jemand sei besessen, nicht Herr seiner Sinne. Aus solchen Vorstellungen sprach der tiefe Wunsch, an das Gute im Menschen glauben zu können und die Wut als etwas von außen Zugeführtes zu deuten. Heute wissen wir es besser: Wutausbrüche sind menschlich. Wir geben nicht mehr dem Teufel die Schuld, sondern Ereignissen, Umständen und nicht zuletzt persönlichen Eigenschaften. Wenn wir wütend sind, passiert Ähnliches wie in einem Dampfkochtopf: In uns brodeln Zutaten wie Stress, Unsicherheit, Frust und Enttäuschung. Irgendwann wird es in diesem Kessel sehr, sehr eng. Der Druck steigt, und eines Tages – PENG! – platzen wir. Kleiner Hinweis: Jeder Dampfkochtopf hat ein Überdruckventil. Kommunikation zischt wie Sau. Tief durchatmen und darüber sprechen hilft.

Das Auge isst mit

Essen muss nicht nur gut schmecken, sondern auch gut aussehen

Wie gerne würde ich an dieser Stelle die Geschichte vom selbstgefälligen französischen Küchenchef erzählen, der seinen übernächtigten Azubi maßregelt und ihm Sätze beibringt wie »Der Tellerrand gehört dem Gast« oder »So wie es an deinem Arbeitsplatz aussieht, so sieht es auch in deinem Kopf aus«. Derartige Szenen ereignen sich Tag für Tag in Ausbildungsküchen, haben allerdings nichts mit der Herkunft unseres Sprichwortes zu tun. Die Wendung beruht auf dem Umstand, dass uns Essen umso besser schmeckt, je appetitlicher es angerichtet ist. Mittlerweile gibt es sogar zahlreiche Studien darüber, dass die optische Wahrnehmung von Lebensmitteln tatsächlich einen direkten Einfluss darauf hat, was wir schmecken. Färbt man Naturjoghurt rosa, bilden wir uns ein, er schmecke nach Erdbeeren; grün gefärbten Apfelsaft halten wir für Kiwisaft. Und blaues Vanilleeis hat eindeutig Schlumpf-Geschmack. Mutter Natur hat sowohl das Täuschungsinstrument als auch den Lügendetektor, unsere Geschmacksnerven, eingebaut. Nun liegt es an uns, was wir damit anfangen.

Sein Fett wegbekommen

für etwas bestraft oder getadelt werden

Diese Redewendung stammt aus der Vor-Supermarkt-Zeit, als Menschen noch ein natürlicheres oder wenigstens erzeugernäheres Verhältnis zu Lebensmitteln hatten. Damals konnte man sich Wurst und Schinken für den täglichen Verzehr nicht einfach aus dem Kühlregal nehmen. Stattdessen besaßen viele Familien eigene Schweine, und am Schlachttag im Herbst oder Winter halfen die Verwandten und Bekannten bei der sofortigen Verarbeitung der Tiere, wofür sie eine bestimmte Ration Fleisch und Fett erhielten. Das Fett ist eigentlich nichts Schlechtes und sogar wichtig etwa für die Herstellung von Wurst, aber selbstverständlich war das Fleisch der wertvollere und begehrtere Bestandteil des Schlachtpakets. Im Laufe der Zeit wurde der Brauch ironisch auf die Maßregelung übertragen: Wenn jemand etwas angerichtet hatte, bekam er dafür eine Tracht Prügel – eben das unbeliebte Fett. (So entstand auch die Redensart »jemandem eine schmieren«.) Mortadella-Fans werden die Gleichsetzung von Fett und Strafe dagegen wohl nur schwerlich nachvollziehen können.

Sich die Rosinen aus dem Kuchen picken

sich das Beste heraussuchen

Diese Redewendung stammt eindeutig aus einer Zeit, als die Rosine weitaus weniger umstritten war als heute. Heutzutage pickt sich (in meiner Wahrnehmung) jeder zweite Mensch unter vierzig die Rosinen aus dem Kuchen, allerdings aus ganz anderen Gründen als ursprünglich. Die Rosine, also die getrocknete Traube, ist seit dem frühen 15. Jahrhundert als Handelsgut in Deutschland nachweisbar. Lange galt sie als kostbare Zutat, als süße Delikatesse. Wer sich die Rosinen aus dem Kuchen pickte, nahm sich nur das Beste; eine solche Person handelte in erster Linie zu ihrem eigenen Vorteil, ohne Rücksicht auf andere, und genau das legt man den Rosinen-picker*innen nach wie vor zur Last. Die Erfolgsjahre der Rosine sind jedoch längst vorbei. Sie hat immer noch ihre Fans, aber es ist ruhig um sie geworden. Vielerorts wurde sie von der Kranbeere (bekannter als Cranberry) ersetzt oder gleich wegrationalisiert. Wer heute Rosinen pickt, muss jedoch nicht gleich ein Egoist sein – er mag vielleicht einfach kein Trockenobst. Im englischen Sprachraum werden übrigens anstelle von Rosinen Kirschen gepickt.

Kleine Brötchen backen

sich mit weniger zufriedengeben, Erfolglosigkeit

Was für die einen nach einem vielversprechenden Minibrötchen-Rezept klingt, ist für andere einigermaßen demütigend. Wenn jemand kleine Brötchen backt, richtet er entweder einen Kindergeburtstag aus oder er hat seine, häufig unternehmerischen, Ziele nicht erreicht. (Anmerkung der Autorin: Im Falle der Feier sind selbstverständlich nicht die redensartlichen, sondern ausschließlich die mit Käse überbackenen Partybrötchen gemeint – eben in Kleinformat.) Brot wird seit Langem mit Arbeit und Einkommen assoziiert: Man steht in Lohn und Brot, isst sein sauer verdientes Brot, der mühsame Gelderwerb wird als »hartes Brot« bezeichnet. Reduziert sich der Verdienst, passt sich auch die Symbolik an, und der Brotlaib schrumpft zu kleinen Brötchen. Diese stehen demnach für weniger Erfolg, für Versagen oder den mahnenden Hinweis, dass man den Mund zu voll genommen habe. Die Redewendung ist dabei noch relativ jung: Seit dem frühen 20. Jahrhundert dienen die bescheideneren Backwaren auch als Ausdruck für heruntergeschraubte Ansprüche.

Die Kirsche auf der Torte

der Feinschliff, die Vollendung

Wir machen einen Ausflug ins Konditorhandwerk. Mühselig wird hier Teig gerührt, gebacken, Biskuit mit Marmelade bestrichen und anschließend mit Creme geschichtet. Langsam, Schritt für Schritt, findet die Verwandlung statt: Aus Butter, Mehl, Eiern und Zucker entsteht eine köstliche Kreation. Es wird mit viel Sorgfalt und Geduld gearbeitet. Vanillecreme wird zu Rosetten drapiert, Schokolade geraspelt. Fehlt nur noch ein letzter Schritt: die Kirsche. Sie ist das i-Tüpfelchen, die Krönung, der Abschluss eines Meisterwerks. Das »Sahnehäubchen« wird gerne synonym verwendet. Seit wann diese Confiserie-Finessen im deutschen Sprachgebrauch Appetit anregen und auch außerhalb der Backstube ein furioses Finale bezeichnen, ist völlig unklar.

Nicht die hellste Kerze auf der Torte sein

begriffsstutzig, nicht besonders klug sein

Diese Redewendung ist unter den Beleidigungen noch die charmanteste und entspricht der uralten Gepflogenheit, Intelligenz und Bildung mit Helligkeit zu assoziieren. Schon der römische Gelehrte Plinius der Ältere bezeichnete Homer und Cicero als »Leuchten der Wissenschaft«. Von den Minderbemittelten geht demnach seit jeher eine deutlich geringere Strahlkraft aus. Das Bild der unterschiedlich illuminierten Torte kam jedoch erst Anfang der 2000er-Jahre ins Spiel und setzte einen weiteren glanzvollen Akzent im Bereich der Diffamierungskünste. Immerhin impliziert die Neuauflage der Redewendung, dass die betreffende Person durchaus eine helle Kerze ist, auch wenn sie nicht am hellsten leuchtet. Freundlicher als »dumm wie Brot« ist das allemal.

Hunger ist der beste Koch

wenn man Hunger hat, schmeckt einem alles

Für Köche ist dieser Spruch nun wirklich kein Kompliment. Man steht stundenlang am Herd, kombiniert akribisch Gewürze und Garverfahren, überlegt, was dem Gaumen schmeicheln und beim Gast wollüstiges Schmatzen erzeugen könnte, und dann sagt jemand: »Es hat geschmeckt. Ich hatte aber auch Hunger.« Autsch! Wenn der Magen in den Kniekehlen hängt, sind wir wenig wählerisch und hauptsächlich auf Sättigung aus. Diese einigermaßen banale Weisheit war bereits in der Antike bekannt. Cicero schrieb etwa: *»Cibi condimentum est fames«* – »Der Speise Würze ist der Hunger«. Im Deutschen erfreut sich die Redewendung seit dem Mittelalter großer Beliebtheit. Und der Aufklärer und Philosoph Immanuel Kant erweiterte den Spruch um die Einordnung: »Nur wenn das Bedürfnis befriedigt ist, kann man unterscheiden, wer unter vielen Geschmack habe, oder nicht.« Was lernen wir heute daraus? Man sollte niemals hungrig in den Supermarkt gehen.

Liebe geht durch den Magen

gutes Essen erzeugt oder steigert die Zuneigung

Ich hätte gedacht, diese Redewendung wäre bereits im klassischen Altertum entstanden. Waren Liebe und Kulinarik nicht schon bei den Römern eng miteinander verknüpft? Mir kann keiner erzählen, dass sich im antiken Griechenland nicht der ein oder andere Philosoph Hals über Kopf, dank einer dampfenden Portion Moussaka, in die Köchin oder den Koch verliebt hat. Dabei ging es nie um die aphrodisierende Wirkung einzelner Zutaten, sondern um die Kochkunst an sich, durch die die Schmetterlinge im Bauch aktiviert und genährt werden sollen. Vermutlich stammt das Sprichwort jedoch aus den 1920er-Jahren und wurde in den 50ern populär. Die damaligen Geschlechterrollen waren streng verteilt: Er ging arbeiten und verdiente das Geld. Sie putzte in Pumps und Petticoat, kümmerte sich um die Kinder, und wenn er abends nach Hause kam, stand der Braten auf dem Tisch. Das Abendessen war ihre große Chance, den Mann zu halten: Koch gut, dann bleibt er bei dir! Reklame aus jener Zeit funktioniert auch ganz einfach: Frauen brauchen keine Persönlichkeit, sie brauchen »Fondor«.

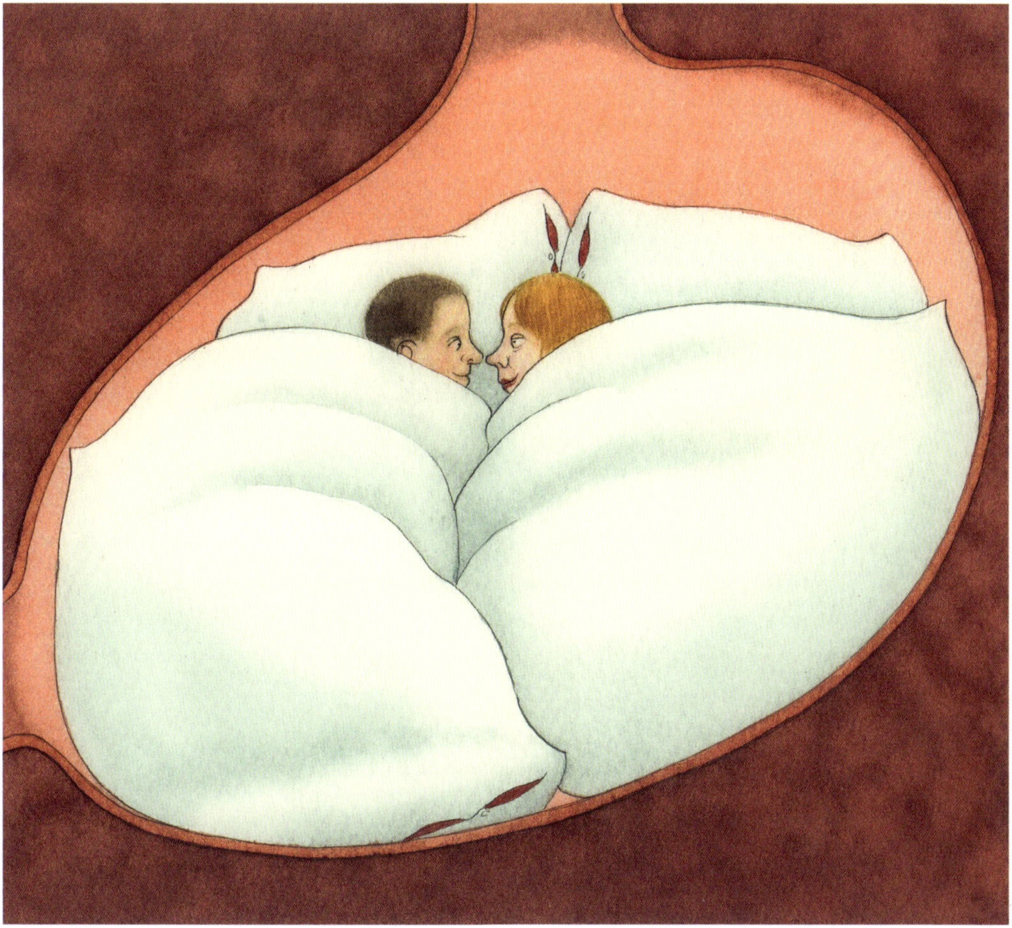

Essen und Trinken hält Leib und Seele zusammen

Essen und Trinken ist gut für Körper und Geist

Den Satz »Ein gesunder Geist braucht einen gesunden Körper« hat man schon hundertmal gehört. Dahinter steckt die Annahme, dass sich die Versorgung unseres Körpers mit ausreichend Nährstoffen, Wasser und Bewegung zugleich positiv auf unsere psychische Verfassung auswirkt. Das Sprichwort betont diesen ganzheitlichen Effekt und erweitert den ernährungswissenschaftlichen Ratschlag unterschwellig um den Faktor Genuss. Essen ist viel mehr als einfach nur Nahrung, als ein Teller voller Kalorien; Essen ist Trost, Vergnügen, Liebe und Fürsorge, kurz: Lebensqualität. Der Duft von frisch gebackenem Brot oder Zwiebeln, die in Butter brutzeln, die ersten süßen Erdbeeren im Jahr, der Pflaumenkuchen von der Großmutter mit extra viel Zimt-Zucker und kalter Schlagsahne, der Tomatensalat im Italien-Urlaub – alles sensorische Eindrücke, die nicht nur augenblicklich zum Wohlbefinden beitragen, sondern auch später noch als schöne Erinnerungen Glücksgefühle auslösen.

Schon Martin Luther schätzte die Gaumenfreuden: »Auff einen guten bissen gehört ein guter trunck / da kömpt Leib und Seel zusammen.«

Nach dem Essen sollst du ruhn oder tausend Schritte tun

Verdauungsratschlag

Es vergeht kein Kommunionsfest, kein siebzigster Geburtstag, ohne a) Kondensmilch aus Plastiktöpfchen und b) dass sich mindestens ein Mitglied der Verwandtschaft ächzend zurücklehnt und diesen schon im antiken Rom genutzten Verdauungsratschlag zum Besten gibt. Was soll denn nun helfen: ruhen oder laufen? Wenn man sich nach dem Essen hinlegt, können die Magensäfte in die Speiseröhre steigen und Sodbrennen verursachen. Sitzend zu ruhen, ist dagegen nach einer schweren Mahlzeit durchaus empfehlenswert. Der Körper ist mit Verdauen beschäftigt und fährt daher alle anderen Aktivitäten herunter, sodass man ohnehin keine körperlichen oder geistigen Höchstleistungen erwarten sollte. »Tausend Schritte« – das klingt viel, es ist aber lediglich ein kleiner Spaziergang. Der könnte die Verdauung anregen und bietet zudem Schutz vor der nervigen Tante, die immer fragt, wann denn Nachwuchs zu erwarten sei.

Quellenverzeichnis

Francis Beaumont: *The Knight of the Burning,* Pestle [1613], Manchester: Manchester University Press 2004, S. 65.

Dudenredaktion (Hrsg.): *Duden – Redewendungen,* Bd. 11, 5. Aufl., Berlin: Dudenverlag 2020.

Johann Wolfgang von Goethe: *Goethes sämmtliche lyrische, epische und dramatische Werke und seine vorzüglichen Prosaschriften,* Teschen/Leipzig: Karl Prochaska 1867.

Immanuel Kant: *Kritik der Urteilskraft* [1790], 1. Abschn., 1. Buch, § 5, Stuttgart: Reclam 1963.

Claudia Keller: »Luthers Vermächtnis – Am Anfang war sein Wort«, Tagesspiegel, 09.01.2017.

Heinz Küpper: *Wörterbuch der deutschen Umgangssprache,* Digitale Bibliothek Bd. 36, Berlin: Directmedia 2004.

Martin Luther: *Der Fünffte Teil der Bücher des Ehrnwirdigen Herrn Doctoris Martini Lutheri / darinnen begriffen sind Auslegung ...*,, Wittenberg: Hans Lufft 1552, S. 163b.

Hans Masalskis: *Das Sprachgenie: Georg Sauerwein – eine Biographie,* Oldenburg: Igel Verlag 2003, S. 231.

Klaus Müller (Hrsg.): *Lexikon der Redensarten. Herkunft und Bedeutung deutscher Redewendungen,* München: Bassermann 2005.

Wolfgang Pfeifer u. a.: *Etymologisches Wörterbuch des Deutschen,* München: dtv 2005.

Gustav Radbruch: *Biographische Schriften,* bearbeitet von Günter Spendel, Bd. 16 der Gesamtausgabe, Heidelberg: C. F. Müller 1988.

Lutz Röhrich: *Lexikon der sprichwörtlichen Redensarten,* 5 Bände, Freiburg i. Br.: Herder 1991.

Verordnung zum Schutz wild lebender Tier- und Pflanzenarten (Bundesartenschutzverordnung – BArtSchV), Abschnitt 1, § 2 (bzgl. »Pfifferlinge«).

Adam Wrede: *Neuer kölnischer Sprachschatz,* Bd. 1: A – J, Stichwort »Bir«, Köln: Greven 1956, S. 79.

Online-Quellen:

https://www.geo.de/geolino/redewendungen/

https://www.redensarten-index.de

https://de.pons.com/p/wissensecke/phrasen-und-wendungen#deutsche-redewendungen

Ming Sprooch – der interaktive Kölsch-Hochdeutsch-Übersetzer: »Birne«; https://mingsprooch.de/wort/birne

https://www.phraseo.de/

https://www.duden.de/sprachwissen/sprachratgeber/Die-berühmte-Extrawurst

Dank

Ein großes Dankeschön geht an alle lieben Freundinnen und Freunde, die mir wahlweise morgens um sechs, nachts um drei, beim Mittagessen, beim Elternsprechtag, aus der Bahn, vom Schreibtisch, neben der Theke – egal wann und wo – ihre Sprichwörter und Redewendungen geschickt haben. Bitte hört niemals damit auf. Ich liebe jeden einzelnen Ausdruck. Danke an Schmitti für kontinuierliches Blödsinn-Reden und Wortspiele der Eggstraklasse. Und an meine Familie: Dank euch sage ich Dinge wie »Ach du grüne Neune« oder »Hast du alles? Hut, Stock, Gesangbuch?«. Und es ist mir nicht mal peinlich. Vielen Dank.

112 Seiten / 978-3-8321-9956-2

»Amüsant zu lesen und wunderschön anzuschauen«

Christine Westermann, WDR 5

»Ein ausdrückliches Lesevergnügen nicht nur für Freunde von Platt-Etüden.«

Stephan Hermsen, NEUE RUHRZEITUNG

Gumpen, Adabei und Blomenkieker sind nur drei Beispiele für treffende Dialektausdrücke aus Deutschland, Österreich und der Schweiz, die es nicht auf Hochdeutsch gibt. Sie füllen beklagenswerte Lücken in der deutschen Sprache – sind überraschend oder boshaft, charmant oder nützlich. Die fünfzig Wortentdeckungen in diesem Buch können unser normiertes Alltagsdeutsch vielfältiger, bunter und lustiger machen.

112 Seiten / 978-3-8321-6930-5

»Schöner kann man andere nicht beschimpfen.«

Sebastian Loskant, WESER KURIER

»Zum Lachen, Staunen und Ausprobieren.«

DAS APOTHEKEN MAGAZIN

Treffend schimpfen ist eine Kunst! Fürs gepflegte Beleidigen bieten sich die Schätze der deutschen Dialekte an, denn dort findet sich so manche Perle, die viel exakter die anzukreidenden Eigenschaften des beschimpfenswerten Objekts aufzeigt, als das ein einfaches »Arsch« oder »Idiot« je könnten. Und Hand aufs Herz: Können wir nicht alle eine Erweiterung unseres Schimpfwortschatzes gebrauchen?

Julia Floß

lebt als Autorin, Köchin, Food-Stylistin und Podcasterin in Köln. In zehn Jahren Spitzengastronomie hat sich viel Wissen angehäuft, und das möchte raus: Seit 2013 schreibt sie Restaurant-Kolumnen für den *Kölner Stadt-Anzeiger,* entwickelt Rezepte und arrangiert sie für Fotoshootings. Als Köchin bei der *Sendung mit der Maus zum Hören* erklärt sie Kindern, warum Radieschen unter der Erde wachsen und wie eigentlich Marshmallows gemacht werden. In ihrem Podcast *UMAMITOWN* macht sie quasi das Gleiche – nur eben für Erwachsene.

Nikolaus Heidelbach

lebt in Köln. Seine Bilderbücher und Illustrationen wurden vielfach ausgezeichnet, für sein Gesamtwerk erhielt er den Sonderpreis des Deutschen Jugendliteraturpreises. Bei DuMont erschienen zuletzt ›Wörter, die es nicht auf Hochdeutsch gibt‹ (2019) und ›Schimpfwörter, die es nicht auf Hochdeutsch gibt‹ (2023).

Impressum

1. Auflage 2024

Lektorat: Kerstin Thorwarth
Satz: Birgit Haermeyer
Reproduktionen: PPP Pre Print Partner, Köln
Druck und Bindung: Belvédère, Oosterbeek

FSC
www.fsc.org
MIX
Paper | Supporting responsible forestry
FSC® C016391

Printed in Latvia
ISBN 978-3-8321-6941-1
www.dumont-buchverlag.de